AF299602

E. KELLY

LA
LÉGISLATION ÉTRANGÈRE

EN CE QUI CONCERNE LE VAGABONDAGE

(Extrait du « Bulletin de l'Institut Général Psychologique »
de décembre 1902.)

LA

LÉGISLATION ÉTRANGÈRE

EN CE QUI CONCERNE LE VAGABONDAGE

PAR

E. KELLY

Commençons d'abord par distinguer ce que l'on entend par le mot « vagabondage » :

Le vagabond n'est pas nécessairement un criminel ; c'est un homme qui, d'apparence valide, a pris l'habitude de ne pas travailler ; et pour éviter le travail il chemine. D'un côté il a l'air d'un pauvre innocent ; d'un autre côté il tend à devenir soit un « chapardeur », soit un criminel dangereux. On ne peut donc l'envisager uniquement au point de vue élémosynaire, ni uniquement au point de vue de droit correctionnel. Le vagabond est un indigent ; la classification usuelle des indigents est la suivante : — incapables et capables.

1° Les indigents incapables, soit par l'âge, soit par l'infirmité, c'est-à-dire les enfants, les malades et les vieillards ;

2° Les indigents capables, c'est-à-dire :

a) Ceux qui peuvent et veulent travailler, mais qui n'ont pas de travail faute d'emploi : chômeurs involontaires.

b) Ceux qui peuvent travailler et refusent de travailler, préférant de vivre d'expédients : mendiants professionnels et vagabonds.

En ce qui concerne la première classe, c'est-à-dire les enfants, les malades et les vieillards, il y a à remarquer en premier lieu que les vieillards sont pour la plupart recueillis dans des asiles ou subventionnés par la charité privée, et les malades sont soignés dans des hôpitaux. Ce ne sont que les enfants qui présentent un intérêt social particulier ; mais cet intérêt est d'un ordre capital ; l'enfant négligé contracte les habitudes qui le rendront un jour incapable de travailler. Nous aurons en conséquence à étudier les législations étrangères pour voir laquelle a le mieux écarté ce danger.

Quant à la première catégorie de la seconde classe, c'est-à-dire les chômeurs involontaires, ce n'est qu'en certaines crises économiques que la question se présente. Elle n'a pas le caractère permanent que présente la seconde catégorie. Quant à celle-ci, c'est-à-dire ceux qui pouvant travailler refusent le travail, nous avons à commencer par faire une distinction psychologique ; car si l'Institut psychologique peut apporter un élément utile à l'étude de la question de vagabondage, c'est parce qu'il ne se contentera pas d'étudier le problème sur la surface ainsi que l'ont fait les législateurs jusqu'au commencement du xixe siècle. Il devra étudier la psychologie du mendiant et du vagabond pour voir si, en effet, il est exact de dire que — d'après la formule consacrée — pouvant travailler, il refuse le travail.

La législation française fait une distinction entre le mendiant et le vagabond. Le mendiant est considéré comme excusable s'il est invalide, et comme susceptible d'amendement s'il est valide. On le ménage; on ne le punit pas. Le vagabond est, au contraire, traité comme un être dangereux[1] ; il est puni.

Les études faites dernièrement à ce sujet tendent à faire disparaître toute distinction entre le mendiant valide et le vagabond, et à faire ressortir que l'homme valide qui refuse le travail, tout en ayant l'apparence de validité physique, est en effet atteint d'une profonde maladie — la maladie de la volonté. Tout homme sain d'esprit qui n'est pas rentier travaille, par suite, soit d'instinct, soit d'habitude, soit d'intérêt. L'homme qui refuse le travail est un homme taré, soit que l'instinct manque, soit que les habitudes de travail n'ont pas été acquises ou ont été perdues, soit qu'il cherche le bonheur sur la grande route plutôt que dans l'atelier ou le sillon.

Le principe que le mendiant ou le vagabond, tout en ayant l'apparence valide, est en effet psychiquement malade, constitue la base des législations étrangères les plus éclairées. Je pense que nous trouverons la preuve de la vérité de ce principe dans

---

1. *Mendiants et Vagabonds*, par Louis Rivière.

les bons résultats des législations qui le reconnaissent, et dans les mauvais résultats des législations qui ne le reconnaissent pas.

La Législation anglaise.

La législation anglaise nous fournit deux leçons pratiques : elle nous démontre la possibilité d'attaquer le vagabondage à sa source en soignant l'enfant négligé ; par contre, malgré l'excellence et l'utilité de son système en ce qui concerne l'enfant négligé, le fait qu'en Angleterre le vagabond prospère comme dans aucun autre pays fournit la preuve du vice de la législation anglaise en ce qui le concerne.

Commençons par expliquer ce qu'il y a de bon dans la législation anglaise, c'est-à-dire les soins donnés à l'enfant :

Depuis 1854, cette question a préoccupé le Parlement. Il établit des écoles de réforme qui sont substituées aux prisons pour les enfants au-dessous de quatorze ans, et des écoles industrielles pour les enfants négligés. Il prend des mesures énergiques contre les réfractaires de l'école ; punit les parents et au besoin les prive de la garde de leurs enfants. Il favorise les écoles et sociétés privées constituées dans le but de rechercher les enfants négligés, de façon qu'aujourd'hui l'État possède :

48 écoles de réforme avec.............	5.611 enfants
179 écoles industrielles avec...........	27.971 —
En tout..............	33.582 enfants

et tandis qu'en 1854, 13.981 mineurs de 16 ans ont été envoyés en prison, en 1899 le nombre d'enfants envoyés aux écoles de réforme et écoles industrielles n'a été que 9.747. Aussi, l'initiative individuelle est si bien appuyée par le Gouvernement qu'une seule école fondée par le Dr Barnardo a sous sa direction 5.000 enfants, répartis en 86 « homes » séparés.

Aujourd'hui, l'enfant, au lieu de se créer des habitudes vicieuses à l'école buissonnière et en prison, est soigné soit dans des « homes », soit chez des particuliers, reçoit une éducation pratique et se trouve enfin placé dans la marine marchande ou dans les colonies.

La législation anglaise reconnaît que l'enfant négligé peut devenir un criminel ; qu'il a besoin d'éducation et que, par l'éducation, il peut acquérir deux choses indispensables :

1° La faculté physique de gagner sa vie par le travail ;

2° La faculté psychique de vouloir travailler.

Au contraire, du moment qu'il s'agit de l'indigent capable, la législation anglaise poursuit un système tout à fait contraire. Sa grande préoccupation est de distinguer ceux qui veulent travailler de ceux qui ne le veulent pas ; aux premiers, elle donne des secours plus ou moins utiles ; aux seconds — c'est-à-dire au mendiant et au vagabond — elle ne donne des secours qu'à des conditions tellement pénibles qu'ils y préfèrent, même à la saison la plus inclémente, la vie au grand air.

Du moment qu'on accepte les prémisses anglaises, il faut reconnaître que son système poursuit une logique irréfutable. Selon elles, il faut à tout prix que la charité ne détruise pas chez l'homme la « self-reliance ».. L'homme capable de faire du travail et le refusant est un homme qui cherche à vivre aux dépens d'autrui ; le lui faciliter par la charité serait détruire sa « self-reliance » ; en conséquence, il faut lui refuser la charité afin de l'obliger de puiser les moyens de vivre de ses propres ressources, l'obliger de travailler, lui imposer la « self-reliance » — qualité reconnue indispensable à tout citoyen.

On trouve, chez les auteurs anglais, cette phrase : « ne pas détruire la « self-reliance du vagabond », à tous les moments ; ils n'ont pas l'air de se douter d'un point capital : Tout le monde sera d'accord avec eux qu'il serait un crime de détruire chez qui que ce soit cette « self-reliance » qui est la source de toutes les vertus sociales. Mais que deviennent l'argument et le système anglais si en effet le vagabond ne possède pas de « self-reliance » à détruire ? Si c'est justement l'absence totale de cette « self-reliance » qui le rend vagabond ? Si c'est en effet l'absence totale de cette « self-reliance » qui constitue chez le vagabond le vrai problème que nous avons à résoudre ?

Nous nous trouvons ici en présence de la question qui divise nettement les Anglais et les Hollandais. L'Anglais dit : l'homme capable de faire du travail et le refusant est un homme vicieux, qu'il faut punir. Le Hollandais dit : l'homme capable de faire du travail et le refusant est un homme malade, qu'il faut soigner.

Ces deux systèmes se trouvant bien nettement en présence, étudions maintenant quels en sont les résultats respectifs.

L'Angleterre dépense une somme prodigieuse annuellement en charité. Ce n'est que pour les indigents volontaires qu'elle est impitoyable ; mais elle ne les laisse pas absolument sans secours ; au contraire, elle entretient des « workhouses » exprès pour eux (casual wards); mais ces « workhouses » ne servent qu'à titre d'épreuve, c'est-à-dire ils permettent de distinguer les indigents volontaires des indigents involontaires.

Non contente de fournir des asiles pour les vieillards et les indigents, l'Angleterre fournit aussi des fonds aux pauvres domiciliés chez eux, secours à domicile (outdoor relief).

Mais elle rend la charité dure pour les valides, pour qu'ils n'y aient recours qu'en cas de nécessité absolue.

Le régime et le travail imposés aux indigents domiciliés dans la « union » sont déjà sévères ; mais pour ceux qui n'y sont pas domiciliés, c'est-à-dire pour les vagabonds, ils sont si durs que les vagabonds ne s'y adressent qu'à la dernière extrémité. Ils préfèrent soit s'adresser à la charité privée, soit se livrer à l'aventure.

Quelles sont les conséquences de ce système ?

1° Aux sommes prodigieuses dépensées par le Gouvernement à titre de secours, il faut ajouter celles dépensées par des particuliers, qui, outragés par le régime sévère des « casual wards », offrent aux vagabonds des conditions plus attrayantes. Il est impossible d'estimer la somme dépensée par des particuliers ; mais on n'a qu'à rappeler les 988 « common lodging houses » où les vagabonds peuvent se loger moyennant quatre sous, les « shelters » fournis gratuitement par l'armée du Salut, ceux fournis par la « Church Army », les secours donnés par la « London Mendicity Society », les « Lockhart Cocoa Rooms », etc., pour s'assurer que, si le régime sévère du « casuel ward » a pour but de ne pas détruire la « self-reliance » du vagabond, ce but est frustré par l'initiative individuelle, plus humaine que celle de l'État. En conséquence, le « casual ward » est maintenu à de grands frais sans atteindre d'autre but que de pousser les plus faibles vers la charité particulière, et les plus forts, et en conséquence les plus dangereux, sur la voie publique ;

2° Le nombre de vagabonds ne diminue pas ;

3° Les crimes ne diminuent pas.

Somme toute, malgré les soins prodigués aux enfants, malgré les sommes folles dépensées non seulement par l'État mais par des particuliers, le fléau du vagabondage et de la mendicité continue à tourmenter le pays et à produire annuellement sa récolte fatale de crimes et de délits.

La Législation de la Hollande.

La Hollande a été le premier pays à reconnaître que la mendicité et le vagabondage peuvent être pour la société une maladie contagieuse.

Vers la fin du xvi° siècle, en 1596, il a été établi à Amsterdam « un tuchtuis », dont l'objet a été de renfermer et de réformer les mendiants, les vagabonds et les ivrognes. Ce système a mis en mouvement l'initiative particulière, qui a fondé des colonies agricoles dans le but de fournir du travail aux pauvres. Ce double système a donné de si bons résultats que, le 14 avril 1886, une loi a été faite sur le vagabondage, qui condamne les individus valides à l'internement de trois mois à trois ans, c'est-à-dire pendant un temps suffisant pour guérir le vagabond de sa maladie si c'est possible, sinon au moins de l'isoler et de le mettre dans l'impossibilité de nuire.

Evidemment ce système est l'inverse du système anglais, qui ne donne aux vagabonds qu'un asile pendant un temps limité, et l'oblige alors à faire du travail forcé et désagréable ; enfin, qui lui refuse un asile ayant un caractère de permanence quelconque de peur de toucher à la « self-reliance » qui, dans la plupart des cas, n'existe pas.

La loi hollandaise poursuit le système contraire ; pour elle, le vagabond est un homme taré qui a besoin de s'affranchir de ses mauvaises habitudes et d'en acquérir de nouvelles ; qu'en tout cas, il est sur une pente qui le mènera probablement à la criminalité, et d'où il est utile pour la société qu'il soit retiré.

Le système de la Hollande mériterait une étude plus approfondie, si ce n'était que la Belgique vient d'adopter un système encore plus complet, et qui mérite encore plus notre attention. Mais, avant de passer à la Belgique, il y a un mot important à dire sur la législation de l'Allemagne en ce qui concerne les vagabonds.

La Législation de l'Allemagne.

On ne peut pas dire que l'Allemagne a franchement adopté le système hollandais. Elle se trouve au contraire dans un état intermédiaire entre le système répressif de l'Angleterre et le système réparateur de la Hollande.

L'article 361 du code pénal allemand punit les vagabonds et les mendiants par une détention d'un jour à six semaines. Voici le système anglais. Mais l'article 362 les remet à leur sortie de prison à l'autorité de la police, qui a le droit de les enfermer dans une maison de travail forcé pour une durée de six mois à deux ans. Voici le système de la Hollande.

L'effet de ce double système est celui-ci : dans certaines parties de l'Allemagne, la police adopte le système hollandais ; par exemple, en Prusse, 22 0/0 des individus condamnés pour vagabondage sont mis à la disposition de la police, tandis qu'en Bavière, dans le Wurtemberg et dans le grand-duché de Bade, tous, sauf 2 ou 3 0/0, échappent à tout internement en dehors de la première sentence. Du reste, même en Prusse, la police est peu éclairée, et détermine la période d'internement arbitrairement, sans laisser la solution de cette question à ceux qui, seuls, peuvent la décider avec intelligence, c'est-à-dire à ceux qui président à la maison de détention.

Mais la situation en Allemagne a un intérêt particulier pour la France, parce que l'Allemagne est un grand pays et présente des problèmes autres que ceux que présentent de petits pays comme la Hollande et la Belgique. A ce point de vue, l'Allemagne ressemble à la France, car, en France comme en Allemagne, il se trouve des saisons où les ouvriers les plus respectables se trouvent obligés de se déplacer pour s'assurer du travail ; dans ces saisons, les routes sont pleines de chemineaux, et il devient important de distinguer à ces époques l'ouvrier qui cherche à travailler du chemineau qui cherche au contraire à rester paresseux.

Le besoin de secours que peut avoir un ouvrier pendant ses voyages a créé en Allemagne un système de stations, par lequel un ouvrier, en travaillant la moitié de la journée et en faisant le stage de 18 kilomètres environ qui sépare les stations, peut se faire délivrer une feuille de route (Wanderschein), qui le passe d'une station à une autre jusqu'à ce qu'il arrive à sa destination. On comptait, en 1890, 1.957 de ces stations dites de secours, qui hospitalisèrent 1.936.091 individus ; elles dépensèrent un total de 1.319.072 marks, tandis que le travail n'a produit que 67.610 marks. Evidemment le système n'était pas un système économique. Du reste, tout en favorisant un petit nombre d'ouvriers, il avait le tort de maintenir une véritable armée de chemineaux qui jouissaient librement de la grande route pendant la moitié de la journée et d'un asile toutes les nuits, à la condition de faire un travail dérisoire et infructueux le matin.

Le pasteur Bodelschwingh, qui a inventé ce système, s'est trouvé en conséquence obligé d'y ajouter un nouveau système supplémentaire, par lequel ceux qui cherchaient du travail sans en trouver pouvaient apprendre à cultiver la terre. La première année, sur 966 colons qui passaient dans la colonie, 830 furent placés et tirés de la vie errante. D'autres colonies et écoles furent fondées, et il y en a aujourd'hui 32, sur lesquelles 30 ont un caractère agricole, une à Magdebourg s'occupe de travail agricole et industriel, et une, la dernière, à Berlin, est complètement industrielle. Un comité centralisé publie une revue, *Der Wanderer*, qui, tout en donnant des renseignements utiles sur le fonctionnement de l'œuvre, publie une liste de ceux qui abusent du système. Cette liste est appelée le « Tableau noir ».

On peut donc dire que l'initiative individuelle a créé en Allemagne un système de colonies agricoles de la plus grande utilité pour retirer du vagabondage ceux qui veulent en être retirés.

La loi permet aux magistrats de faire interner les vagabonds valides qui ne veulent pas abandonner le vagabondage, et a créé des maisons de travail qui peuvent servir de modèle. Par exemple, la ferme de Rummelsburg, près de Berlin, où les reclus sont employés à la culture des champs et à l'épandage des eaux d'égouts provenant de la capitale. Il y a 24 de ces maisons en Prusse, mais il n'y en a que 4 en Saxe, 3 en Bavière, et 2 dans le Wurtemberg. En effet, cette loi n'est bien administrée que dans une petite partie de l'Allemagne entière.

Reconnaissons, en concluant, que l'Allemagne vient de passer une loi, le 2 juillet 1900, qui aura pour effet de sauver les enfants, ainsi que l'a déjà fait la législation anglaise.

Passons maintenant à la législation la plus éclairée et la plus complète de toutes en cette matière : celle de la Belgique.

La Législation de la Belgique.

La Belgique a franchement adopté la théorie de la Hollande. Le 1er janvier 1892, elle a mis en vigueur trois lois, dont deux ont eu pour objet d'assurer des secours aux enfants, malades, vieillards et chômeurs involontaires, et dont l'autre a eu pour objet la répression du vagabondage et de la mendicité.

Cette loi peut se résumer en un mot : condamnation à un internement de deux à sept ans, c'est-à-dire pendant un temps suffisant pour guérir le malade si en effet la maladie est guérissable. Mais, pendant cet internement, la loi donne aux internés un recours précieux : partout où il existe une prison, c'est-à-dire au chef-lieu des vingt-six arrondissements du royaume, on trouve un comité qui est agréé par le Gouvernement et qui touche un subside de l'État. En dehors de ces comités, il en existe un autre — une société de patronage, fondée en 1892, qui s'occupe spécialement des pensionnaires du refuge principal de Wortel et de la maison de travail de Merxplas. Tout interné a le droit d'adresser au comité une demande de libération provisoire, avec cette seule réserve : qu'en cas de rejet, une nouvelle demande ne pourra être présentée avant l'expiration d'un délai de trois mois. Les demandes sont remises à un secrétaire rétribué, qui demeure à la colonie, et prépare le dossier en y joignant l'extrait du casier judiciaire de Bruxelles. Le mardi suivant, le visiteur prend connaissance du dossier, interroge le postulant, et transmet ses propositions au ministre de la Justice, qui statue sur la demande. Nous devons dire, à l'honneur du patronage, que les propositions des visiteurs sont très généralement confirmées.

En résumé, le système belge a un double côté : le côté sévère, qui inflige un internement de deux à sept ans ; et le côté clément, qui, par le moyen du comité de patronage, facilite soit le redressement d'erreur dans le cas d'internement immérité, soit la mise en liberté de tout interné qui s'est montré capable d'être rendu à la liberté.

Jusqu'à quel point ce système a bien marché, les chiffres suivants nous le diront : en 1890, il y avait dans les dépôts provinciaux 5.000 mendiants et vagabonds, mais le nombre de condamnations s'éleva jusqu'à 16.500, et les individus condamnés à 8.800. En 1894, par suite de l'application de cette loi, le nombre d'internés est monté à 6.900, mais il n'y avait que 9.000 condamnations portant sur 7.000 individus. En 1897, il n'y avait que 5.000 internés, et 7.000 condamnations portant sur 6.000 individus.

Du reste, la mise en vigueur de cette loi a tellement débarrassé les routes des vagabonds, que M. Batardy, le chef de division au ministère de la Justice, a pu dire en 1898 : « Le chemineau a disparu en Belgique. »

Il semble résulter de cet aperçu que la France a intérêt à adopter la législation belge en cette matière, non seulement parce qu'elle repose sur une base logique, mais parce qu'elle a déjà produit des résultats inespérés.

M. LE PRÉSIDENT dit qu'il est certain d'être l'interprète de tous les membres du Groupe en remerciant M. Kelly de sa très intéressante communication. Il ajoute que M. Kelly tient à constater que l'ouvrage de M. Louis Rivière : *Mendiants et Vagabonds*, lui a été de la plus grande utilité pour son travail.

M. TARDE. — M. Kelly semble un peu trop persuadé que le vagabond est toujours un malade. Il ne faut pas oublier qu'une des sources du vagabondage, c'est l'abandon moral de l'enfance. Or, parmi les enfants moralement abandonnés. il y en a beaucoup dont l'incorrigibilité est un effet de l'absence de toute éducation plutôt que de l'aliénation mentale. Assurément, parmi les vagabonds qui infestent les grands chemins, il en est beaucoup qui paraissent capables de travailler et ne le sont pas. Mais, à côté de ceux-là, il y en a un très grand nombre qui pourraient parfaitement travailler et qui ne le veulent pas. La civilisation actuelle leur fournit malheureusement tous les moyens de vivre sans travail. Le vagabond a toute facilité pour commettre le crime et en vivre. C'est là ce que l'affaire Vacher a parfaitement mis en lumière. On peut même dire qu'il n'y a personne qui profite davantage de l'indulgence toujours croissante de la justice et des progrès de la civilisation que le vagabond. Les chemins de fer, par exemple, lui sont d'un très grand secours pour la vie qu'il mène. Il commet un vol dans quelque endroit, et, avec le produit de ce vol, il prend le train et se rend à une localité plus ou moins éloignée où il recommence. C'est ce que faisait Vacher. Ces vagabonds-là trouvent le crime beaucoup plus commode et moins fatigant que le travail. C'est une question qui se pose que celle de savoir si les progrès de la civilisation ne sont pas beaucoup plus utiles aux criminels qu'aux policiers.

Il faut certainement étudier la psychologie du vagabond morbide,
du vagabond atteint d'aboulie; mais il faut faire des distinctions et
ne pas approuver sans réserve le système belge. Dans ce système,
— et c'est là un point dont M. Kelly n'a pas parlé, — une condamnation de deux à sept ans peut être prononcée non pas par un tribunal,
mais par un simple juge de paix. Il est vrai qu'en Belgique les juges
de paix sont inamovibles ; ils ont une grande connaissance du droit
et présentent des garanties d'impartialité tout à fait rassurantes.
Leur décision est pratiquement sans appel. Si l'on voulait appliquer
en France le système belge, il faudrait faire prononcer la condamnation par un tribunal correctionnel.

M. LE PRÉSIDENT remarque que, dans le travail de M. Kelly, il y
a quelque chose de profondément vrai au point de vue psychologique.
Il y a des vagabonds pauvres, mais il y a aussi des riches chez qui
l'instinct du vagabondage est aussi fortement enraciné que chez les
pauvres. M. Brouardel connaît un homme qui ne possède pas moins
d'un million de revenu, et qui est totalement incapable de rester en
place. Un beau jour, il lui prend envie d'aller à Madrid ; il se met
immédiatement en route. Arrivé à destination, il ne visite ni la ville
ni les musées, mais il se sent porté irrésistiblement à s'en aller ailleurs, et il part pour Lisbonne. Il ne s'arrête pas plus dans cette dernière ville qu'il ne s'était arrêté à Madrid ; mais il reprend tout de
suite le train pour Paris, d'où, à peine de retour, il repart pour un
nouveau voyage, toujours sans aucun but. Le Dr Meige a fait, il y a
quelques années, un livre sur *le Vagabond riche*, véritable Juif
errant, avec cette différence toutefois qu'il a plus de cinq sous dans
sa poche.

Il y a donc lieu de distinguer entre vagabond et vagabond, et l'on
pourrait, dès à présent, reconnaître trois types principaux :

1° Le vagabond de nature, chez lequel se rencontre cette maladie
psychologique que nous venons de décrire. Ceux qui en sont affectés
et qui possèdent de la fortune peuvent suivre leur impulsion sans
grands inconvénients pour autrui ; quant à ceux qui n'ont pas de
ressources, il faut bien qu'ils volent pour satisfaire leurs instincts ;

2° Les enfants négligés, dont M. le Dr Motet vient de parler ;

3° Le paresseux, le fainéant de nature, qu'on ne peut pourtant
pas considérer comme un malade.

Chacun de ces types demande évidemment un traitement spécial.

Le système anglais, tel que M. Kelly le décrit, est admissible en ce qui concerne l'enfant ; mais, pour ce qui regarde l'adulte, il tombe absolument à faux, comme l'expérience l'a amplement démontré.

On a essayé, pour corriger les petits vagabonds de Paris, de fonder des colonies agricoles ; cela n'a jamais réussi. Toujours l'enfant finit par revenir à Paris. M. Brouardel ignore si l'inverse est également vrai, c'est-à-dire si l'enfant abandonné à la campagne et amené à Paris retourne à la campagne.

M. Tarde dit que ce dernier cas est très rare.

M. le Président est d'avis que, si l'on veut appliquer le système belge à tous les vagabonds indistinctement en France, on aboutira à des résultats bien discutables. Il y a bien les patronages, mais ils exigent des dévouements sur lesquels l'État n'a pas le droit de compter d'une manière absolue. Et, si l'on poursuit dans tous les cas le vagabondage comme un véritable délit, on arrivera certainement à commettre des erreurs formidables. Quand un vagabond de nature est arrêté pour le seul fait d'être reconnu sans domicile, invariablement son premier mot est celui-ci : « Mais pourquoi m'arrête-t-on ? Je n'ai ni tué ni volé ! » Donc, à ses yeux, son métier n'a rien d'immoral, et ce vagabond-là ne doit pas être confondu avec ceux pour qui le vagabondage n'est qu'un moyen de commettre le crime, et non pas une fin en soi.

M. le Dr Motet dit que le nombre des enfants négligés est bien plus considérable qu'on ne le suppose. Il a eu l'occasion d'examiner un grand nombre d'enfants moralement abandonnés, arrêtés pour délits de vagabondage, de vol ; il en a trouvé, sans doute, de foncièrement mauvais ; mais un plus grand nombre n'étaient pas méchants par nature. La plupart étaient laissés sans surveillance par leurs parents que leur travail éloignait de leur domicile pendant la journée. Ces enfants prennent l'habitude de vivre dans la rue où ils rencontrent de petits camarades vicieux qui les entraînent. Un jour, ils ne rentrent pas au domicile, soit qu'ils aient peur de mauvais traitements, soit qu'ils préfèrent la vie d'aventure. Dès lors ils sont fatalement conduits à des actes répréhensibles, tels que le vol à l'étalage, etc. ; et la compagnie qu'ils fréquentent forcément n'est pas de nature à leur faire prendre de meilleures habitudes. La vie indépendante qu'ils mènent a pour eux, au bout de fort peu de temps, un irrésistible attrait : ils n'en veulent plus d'autre. Si on les reprend et qu'on les ramène à leurs parents, ils ne tardent pas à faire de nouvelles fugues.

C'est de ce côté que les efforts devraient se porter tout d'abord, si l'on veut atteindre le vagabondage à sa source même. Il n'est que juste de rappeler ce qui a été tenté dans ces dernières années. L'expérience n'a pas encore été assez longtemps prolongée pour qu'on en puisse sûrement apprécier les résultats.

. M. le professeur Laborde appuie les vues de M. Brouardel et dit que, dans certains cas, il peut y avoir, en effet, de la part de sujets qui ne sont pas dans les conditions du vagabond ordinaire, de véritables impulsions au vagabondage, impulsions qui peuvent parfois devenir dangereuses. Il cite le cas d'un vieillard de près de quatrevingts ans qu'il a eu l'occasion de soigner et de surveiller, à cause d'une impulsion de ce genre, qui le pressait irrésistiblement à se déplacer, à entreprendre même de longs voyages, malgré la famille, dont la moindre opposition l'excitait au point de le rendre dangereux.

Un jour, l'envie lui prend de partir en Russie. Sa fille essaie de l'en dissuader, lui représentant tout ce qu'un tel voyage, surtout à cette époque de l'année (c'était l'hiver), offrait d'inconvénients sans compter la grande fatigue pour un homme de son âge ; rien n'y fit, et sa fille, pour laquelle il avait, cependant, une préférence marquée, ayant essayé d'intervenir plus instamment, faillit être assommée par lui dans un mouvement de colère et d'emportement.

Le voyage en Russie eut lieu ; il fut suivi de beaucoup d'autres, en Italie, en Espagne, en Hollande, etc., tous sans le moindre but. Cela dura près de trois ans, et la tâche d'accompagner notre impulsif ne fut assurément pas une sinécure.

C'est ainsi, pour ne citer que cet exemple, que, lors du voyage de Russie, fait, d'une traite, de Berlin à Saint-Pétersbourg, une fois arrivés dans cette ville, il fallut, de force, et sans presque prendre pied, retourner de la même façon à Berlin, sous le prétexte, dont il ne fut pas possible de faire départir cet extraordinaire voyageur, qu'il « y avait oublié un foulard ».

Il fallait souvent, en wagon, exercer la surveillance la plus minutieuse, car il arrivait que notre homme se prît d'une antipathie soudaine contre l'un ou l'autre de ses compagnons de voyage, auquel il eût pu faire un mauvais parti, si l'on n'y eût pris garde.

Ce sont là sans doute des cas exceptionnels, mais très intéressants au point de vue psychologique : ils représentent des spécimens excessifs du *délire d'action* chez des sujets âgés.

M. Tarde a dit que, dans certains cas, la *justice pénale* n'intervenait pas d'une manière efficace. Cela est absolument vrai.

Mais ce n'est pas seulement le défaut d'intervention *pénale* qu'il convient d'accuser, c'est aussi la doctrine *policière* actuelle en matière de coercition de vagabondage des fous les plus avérés et les plus dangereux, qui se promènent en toute liberté sur les routes ou dans les rues, à la recherche de la victime vis-à-vis de laquelle ils ont systématisé leur délire, et qui ne sont ni arrêtés, ni inquiétés tant qu'ils n'ont pas commis une tentative ou l'acte criminel lui-même.

Ces cas abondent; ils sont en permanence, et M. Laborde, avec l'expérience que lui confèrent les fonctions d'inspecteur médical de la Préfecture pour les aliénés, fonctions qu'il exerce depuis près de vingt-cinq ans, en pourrait citer de nombreux exemples : il se contente d'en rappeler un qui le concerne personnellement, et que connaît bien le professeur Brouardel, car il a failli être, avec lui, une des victimes : il s'agit d'un jeune étudiant en médecine, qui, atteint du délire de persécution, aurait été poussé, comme il arrive fréquemment en ce cas, à la systématiser vis-à-vis de ses bienfaiteurs : ses menaces *armées* et réitérées, avaient été telles que, bien que formellement dénoncé et signalé à la police par M. Laborde lui-même, celui-ci eût été infailliblement l'objet d'une tentative criminelle, s'il n'avait pris le parti de le faire arrêter lui-même à la porte de son laboratoire.

Or, il advint qu'on le conduisit au commissariat de police du quartier, où il fut facile de constater qu'on avait bel et bien affaire à un fou. Au lieu de prendre la mesure indiquée, exigée d'urgence, et promise formellement au plaignant, plus qu'autorisé, l'on s'empressait (le commissaire de police en personne) de relaxer le délirant, qui sortait librement par une porte sans même avoir été dépouillé de son revolver, tandis que le plaignant sortait par une autre porte.

Il fallut, quelques jours après, une véritable perpétration à coups de ce revolver, sur une femme, en pleine rue des Martyrs et en plein jour, pour que l'arrestation effective de ce fou-vagabond des plus dangereux ait été réalisée.

Il y a donc, outre les questions qui viennent d'être signalées, une autre question non moins grave : celle du péril que certains impulsifs peuvent faire et font courir journellement, grâce aux mœurs et aux errements actuels de la police, en cette question, qu'il importe de réformer au plus tôt, dans l'intérêt de la sécurité publique.

M. Tarde fait observer qu'il y a quelques années, juste au moment où l'on se plaignait le plus de l'accroissement du vagabondage en France, — au moment de l'affaire Vacher, — le Ministère recommanda, par une circulaire envoyée aux Parquets, que l'on arrêtât le moins possible de vagabonds. Depuis ce temps il est clair que le vagabondage a diminué en France, bien que le nombre des vagabonds ait naturellement augmenté.

M. Tarde, à propos de l'observation du Dr Motet, dit qu'il a été en contact avec deux vagabonds délirants. Le premier, fils d'un père adonné à des vices variés, — la pédérastie entre autres, — a très souvent des attaques de délire. Le seul moyen de mettre fin à ces attaques, c'est de le faire voyager, et, comme il est riche, le remède est d'une application facile.

Le second est un garçon fort bien doué, mais qui, à la suite de nombreux excès, est devenu un dégénéré, et même un dégénéré d'ordre très inférieur. Quand il vient à Paris, presque toujours il s'adresse à M. Tarde pour lui demander la charité. Mais ce n'est jamais pour ses besoins alimentaires qu'il mendie, c'est pour pouvoir faire un voyage. Lorsque M. Tarde est à l'autre bout de la France, notre homme tâche de le rejoindre et de lui demander des secours, toujours pour un voyage, qu'il fait d'ailleurs. Son vagabondage se justifie à ses propres yeux par la nécessité de recouvrer des créances de son père (mort insolvable). En examinant les papiers que ce dernier lui a laissés, il trouve, par exemple, une créance de Barcelone. Il demande la charité et se rend dans cette ville. Bien entendu, il ne recouvre jamais aucune des créances en question ; mais il trouve plus avantageux de se livrer à ce métier qu'à un travail utile,

M. le Président, résumant la question, dit que M. Kelly a fait ressortir ce fait que souvent le vagabond est un être dont la psychologie est plus ou moins modifiée.

MM. Tarde, Laborde, Motet, ont fait remarquer qu'il y a divers types de juif errant. M. Motet pense que ce sont bien souvent les enfants abandonnés, surtout dans les grandes villes industrielles, qui préparent la génération suivante de chemineaux. M. Laborde a mentionné un type spécial de vagabond, celui de l'impulsif dangereux.

Il conviendra donc de faire imprimer le rapport de M. Kelly et de le faire distribuer, afin que chaque membre du Groupe dégage et mette pleinement en lumière les différents types qu'il connaît.

Les législations ont eu le tort de ranger tous les vagabonds sous la même étiquette. Mais, puisqu'il y a vagabond et vagabond, il faudrait précisément voir si l'on ne pourrait pas trouver des moyens de répression en rapport avec chaque type.

M. Herbette présente, sur les diverses catégories de gens que l'on comprenait autrefois sous le nom de « gens sans aveu » et sur les classes variées de vagabonds, ainsi que sur les mesures qui pourraient leur être appliquées, un ensemble d'observations qui seront relatées à part.

M. le Président fait observer qu'une idée se dégage de plus en plus clairement de toute la discussion, savoir, qu'il sera impossible de rien faire d'utile si l'on ne catégorise pas.

Tours, imp. Deslis Frères, 6, rue Gambetta.